FRITZ ORTER

ICH WEISS NICHT, WARUM ICH NOCH LEBE

© 2014 Ecowin, Salzburg
by Benevento Publishing
Eine Marke der Red Bull Media House GmbH

Lektorat: Joe Rabl
Art Direction: Peter Feierabend
Covergestaltung und Satz: Frank Behrendt
Coverfoto: Andreas Hofer
Fotos Innenteil: Privatarchiv Fritz Orter

ISBN: 978-3-7110-0056-9
1 2 3 4 5 6 7 8 / 16 15 14
www.ecowin.at

Printed in Europe

FRITZ ORTER

ICH WEISS NICHT, WARUM ICH NOCH LEBE

ecoWIN

Roswitha zum Gedenken,
abwesend anwesend,
unvergessen.

INHALT

Vorwort 9

Aufbruch, Ausbruch 15

Fremdes Leid, kalte Trauer 41

Killing Fields 75

Heimkehr, Abschied 83

Nachwort 91

Erlebte Kriegs-Chronik 97

Dank 103

Nachweis der Zitate 105

Literaturpfade 107

VORWORT

After the war, after the war
Oh, nothing will be as before

Daniel Kahn, *Lost Causes*

Ich war in vierzehn Kriegen.

Ich habe zu viele Tote gesehen, auch zu viele tote Kollegen und Kolleginnen.

Ich hasse den Krieg. Auch wenn er für manche zur Droge wird. Krieg, so alt wie die Zivilisation, ist die größte mentale Verirrung der Menschheit, die brutalste Konfliktlösung. Irrsinn gewordene Realität. Die Angst. Töten und getötet werden. Das Grauen und die Gräuel des Kriegs sind ein Angriff auf die menschliche Seele, zersetzen Ethik und Moral, Gewalt und Leid werden Geschwister.

Ich schreibe diese Zeilen hundert Jahre nach der Entfesselung des Ersten Weltkriegs, der Urkatastrophe des 20. Jahrhunderts.

Nicht nach *Ausbruch* dieses großen Kriegs. Kriege brechen nicht aus. Kriege werden geplant und beendet. Nach unzähligen Opfern.

Der Erste Weltkrieg ist für mich nicht nur Zeitgeschichte.

Er ist auch Familiengeschichte.

Der erste Mann meiner Großmutter fiel im August 1914 zwei Wochen nach ihrer Hochzeit in Kärnten im katastrophalen Feldzug des Generals Potiorek in Serbien. „Gold gab ich für Eisen", erzählte sie mir. Aus Gold war ihr Ehering, eisern war ihr Leben.

Ihr Bruder, Lehrer und Leutnant, schrieb ihr ins lila seidenverzierte Jugendstilstammbuch: „Fürs Vaterland zu sterben ist keiner zu gut, aber viele sind zu schlecht dazu."

Er starb an der Italienfront 1917. Das war der Dank des Vaterlands.

Eine seiner beiden Töchter wurde später, in den 1930er-Jahren, die Frau des berühmtberüchtigten Munitionsfabrikanten und Patronenbarons der Ersten Republik. Aber das ist eine andere Geschichte.

Mein Großvater war ein Überlebender der Schlacht um Przemyśl 1914, ein Überlebender der drei letzten Isonzo-Schlachten. In der zwölften im Jahr 1918 wurde er schwer verwundet, nachdem er zuvor Kaiser Karl die Hand schütteln durfte. Der Korporal des Gebirgsschützenregiments Nr. 1 bekam als Auszeichnung die „Große silberne Tapferkeitsmedaille".

Als ich ihm zu Beginn der 1980er-Jahre erzählte, als Jung-Reporter in Polen, in Osteuropa und auf dem Balkan arbeiten zu wollen, warnte er mich: „Du hast keine Ahnung, wohin du fährst. Du weißt nicht, was Krieg ist." Und sang mit seiner mir noch heute im Ohr klingenden hellen Tenorstimme *sein* Kriegs- und Friedenslied:

Jetzt bin i da in Polen
Schon übers zweite Jahr
Und muss daran denken
Wie schön's daham jetzt war.
O Herrgott, mach an Frieden
Bald für die ganze Welt,
Zerhau die Schützengräben,
Weil's gar nicht anders geht.
Steig oba da vom Himmel

Und lösch das Feuer aus,
Dann nimm uns
Bei den Händen
Und führ uns wieder z'Haus.

Der Herrgott löschte kein Feuer aus. Und machte keinen Frieden.

Ich schreibe diese Zeilen nach mehr als dreißig Jahren ORF-Reporterleben in Krisen-, Kriegs- und Katastrophengebieten: Kroatien, Bosnien, Serbien, Mazedonien, Kosovo, Tadschikistan, Tschetschenien, Ossetien, Georgien, Armenien, Pakistan, Afghanistan, Israel, Palästina, Gaza, Libanon, Irak, Syrien.

Ich habe Sterbende gesehen. Ich war in dreckig verlausten Lazaretten und erbärmlichen, nach Urin und Kot stinkenden Feldspitälern, ich habe schwarz verbrannte Köpfe gesehen, Körper toter Krieger, aus deren Augen Maden krochen, aufgedunsene Leichen, hineingezwängt in Billigsärge.

Auf der Seite des Verbrauchers ist der Sargdeckel schmucklos, lese ich bei Stanisław Jerzy Lec.

Unter jedem Sargdeckel liegt ein Leben.

Endstation.

Ich habe Leichen gefilmt, die sieben Tage im Regen lagen, auf einer Dorfstraße in Ostslawonien, im Sommer 1991. Kadaver, die eine Woche zuvor noch Menschen waren. Elend, Vertreibung und Tod: Was für den Reporter im Krieg zur Alltagsroutine wird, wird für seine Interviewpartner zur Überlebensfrage.

2. Juli 1991, an der slowenisch-kroatischen Grenze: Die jugoslawische Luftwaffe fliegt Angriffe gegen slowenische Panzersperren. „That's war!", stammelt ein im Gesicht blutender Soldat der jugoslawischen Volksarmee in unsere Kamera. Und rennt in seiner dreckig-grünen, schlecht sitzenden Uniform mit meinem Kamerateam ums Leben. Eine Grenzerfahrung, die wir in den Balkankriegen der 1990er-Jahre noch allzu oft erleben mussten.

Ich schreibe diese Zeilen im dritten Jahr nach dem Krebstod meiner über alles geliebten Frau Roswitha. Sie war mein Fels im Niemandsland. Sie gab mir Halt und den Mut, in all den Jahren die Angst zu überwinden.

AUFBRUCH, AUSBRUCH

*Die Schriftsteller können nicht
so schnell schreiben,
wie die Regierungen Kriege machen;
denn das Schreiben verlangt Denkarbeit.*

Bertolt Brecht

Wien, Naglergasse, 1970er-, Anfang der 1980er-Jahre.

Ein Balkan-Lokal.

Mein Freund Rado erzählt mir von seiner Familie. Lädt mich in seine Heimat Montenegro ein. Ich fahre mit Roswitha in ein montenegrinisches Dorf inmitten herrlicher Berge mit Blick auf den Skutarisee. Wir werden wunderbar bewirtet, schlafen im Schlafzimmer des Freundes.

„Ich verstehe nicht, warum ich in diesem Bett so schlecht liege", wundert sich Roswitha.

„Wir werden dem nachgehen", sage ich, entdecke eine Kalaschnikow unter der Matratze und frage meinen Freund Rado am nächsten Morgen: „Ist es üblich in Montenegro, dass ihr auf einer Kalaschnikow schläft?"

„Weißt du, Fritz, in meinem Dorf waren einmal Deutsche und Österreicher, sie wollten uns umbringen und wir haben uns gewehrt."

Sein Onkel kommt zur Tür herein und sagt: „Die Deutschen und die Österreicher, das waren Kämpfer. Die Italiener, die uns besetzt hatten, waren Feiglinge. Umgebracht habe ich alle, die mich umbringen wollten."

Als Reporter des österreichischen Fernsehens vierzig Jahre nach Ende des Zweiten Weltkriegs mit meinen serbisch-montenegrinischen Freunden einen Film zu drehen über Serbien, Montenegro, Kroatien, Kosovo – das war für mich mehr als Schulweisheit, auch wenn ich Slawistik, osteuropäische Geschichte studiert und Literaturkenntnisse dieser Länder hatte.

Es war ein Dialog mit Menschen, von denen ich glaubte, sie zu kennen, die ich geschätzt habe, von denen ich glaubte, dass sie Freunde waren, und von denen ich enttäuscht wurde.

Ich erinnere mich an die Lokale in der Wiener Bäckerstraße.

Mein Uraltfreund, mit dem ich in einem damals so genannten Jugo-Lokal serbische und kroatische Volkslieder gesungen habe, russische und albanische. In wehmütiger Nostalgie hätte ich mir nie vorstellen können, dass diese Freunde einmal zu Feinden würden. Zu Beginn der Balkankriege 1991.

Ich bekomme Morddrohungen. Mein Arbeitgeber bietet mir Personenschutz der Staatspolizei an.

Ich lehne ab. Zu Tode gefürchtet ist auch gestorben.

Ich bitte meinen serbischen Freund: „Sag deinen Freunden, die mich umbringen wollen, dass ich mich nicht vor ihnen fürchte. Wenn es so etwas gibt wie slawische Freundschaft, weißt du, dass du mir das nicht antun darfst."

Und er sagt: „Wir werden dich nicht umbringen. Wir wissen, du bist einer von uns."

Wir trinken gemeinsam eine Flasche Sliwowitz und ich schaffe es, dass meine serbischen Freunde Ustascha-Lieder singen und meine kroatischen Freunde Tschetnik-Lieder.

Die Söhne der Ustasche und Tschetniks, deren Väter im Zweiten Weltkrieg Todfeinde waren, in Titos Jugoslawien zu *bratstvo i jedinstvo*, Brüderlichkeit und Einheit, gezwungen wurden, wecken die Dämonen der Vergangenheit.

Von der Humanität über die Nationalität zur Bestialität. Die prophetischen Worte des österreichischen Nationaldichters Grillparzer wurden brutale Wirklichkeit.

Ich trinke und singe mit ihnen und weiß, am nächsten Wochenende werden meine Freunde wieder in den Balkankrieg ziehen. Wochenendkämpfer, die in ihre alte Heimat zurückkehren, um ihre Nachbarn, Freunde und Bekannten zu ermorden. Ich habe ihnen vorausgesagt – sie nannten mich Kassandra –: „Ihr habt keine Ahnung, was sich in euren Regionen zusammenbraut. Titos Jugoslawien ist tot. Und für das, wofür ihr kämpft, wird es noch zu viele Tote geben."

„Nein, du bist ein Schwarzseher. Wir sind Jugoslawen."

„Nein, ihr seid keine Jugoslawen mehr. Ich weiß, dass ihr Kommunisten wart."

„Nein, wir waren keine Kommunisten. Wir waren Sozialisten."

„Versteht ihr nicht, dass euer Selbstverwaltungs-Sozialismus ein Mythos war? Tito hat euch in den Westen geschickt, um die Arbeitslosigkeit in seinem Jugoslawien zu vertuschen. Ihr seid zu uns gekommen, um für uns die Dreckarbeit zu machen. Habt euch nicht erniedrigt gefühlt, weil ihr damit besser gelebt habt als zu Hause."

„Besuch mich doch wieder zu Hause", sagt Freund Rado.

Und ich sehe, sie leben in Armut in den Bergen Montenegros, aber auch, dass seine Familie dank seiner Arbeit überleben kann.

Ich sehe den Widerspruch im Leben eines montenegrinischen Bauernbuben, in dessen Lokal der Wiener Bürgermeister Stammgast war und von der Schönheit der Nichte meines Freundes schwärmte.

Ich erinnere mich, dass sie in einem Film eine kleine Nebenrolle bekam, an ihre schwarzen Augen, ihr schwarzes langes Haar, ihr serbisch gefärbtes Deutsch.

Ich erinnere mich, wie sie sagte, wir Jugoslawen, die wir jetzt in Österreich leben, sind auch nur Menschen, die glücklich sein wollen.

Ich erinnere mich, dass dieses wunderschöne montenegrinische Mädchen Jahre später, nach einem Schlaganfall, nicht mehr wiederzuerkennen war.

„Komm gut zurück", sagt meine Frau und steckt mir ein mit einem Marienkäfer-Glücksbringer geschmücktes Zettelchen zu. Mein Talisman auf all den Reisen, die mich jahrzehntelang in Kriege führten, die nicht die meinen waren.

„Natürlich komme ich zurück", sage ich und singe ihr unsere Abschiedshymne, eine englische Ballade aus dem 18. Jahrhundert.

Fare thee well my own true love
And fare well for a while.
I'm going away, but I'll be back
If I go ten thousand miles.
Ten thousand miles, my own true love
Ten thousand miles or more

And the rocks may melt
And the seas may burn
If I should not return.

Aufbruch, Wegfahren, Kofferpacken. Es wird zur Gewohnheit. Was mir zur Gewohnheit wird, ist für meine Freunde und Bekannten unverständlich. Ich fahre in Gegenden, die nicht zu den gefragten Urlaubsidyllen unseres Planeten zählen.

„Ihr Kriegsreporter habt alle einen Schuss im Kopf", bemitleidet mich ein wohlmeinender Kollege.

Die Koffer vollgepackt auch mit Büchern, meinen Lieblingsbüchern und Lieblingssätzen. Tolstojs *Krieg und Frieden:*

Der Weg der Völker ist noch viel komplexer als ein Schachspiel, das ja auch nicht planbar ist – jeder Zug ruft Reaktion und Gegenreaktion hervor, aber zumindest weiß man, dass ein Springer immer stärker ist als ein Bauer, und zwei Bauern stärker sind als einer, während im Krieg ein Bataillon manchmal stärker ist als eine Division, manchmal schwächer als eine Kompanie.

Ich weiß, dass ich wieder mit *Anna Karenina* schlafen gehen werde:

Alle glücklichen Familien gleichen einander. Jede unglückliche ist unglücklich auf ihre eigene Art.

Und wieder habe ich die *Antigone* des Sophokles im Gepäck:

Ungeheuer ist viel, aber nichts ungeheurer als der Mensch.

Und wieder nehme ich das Buch mit, das ich als Fünfzehnjähriger zum ersten Mal gelesen habe, Albert Camus' *Die Pest*, das ich jetzt ganz anders lese und verstehe:

Dass der Pestbazillus niemals ausstirbt oder verschwindet, sondern jahrzehntelang in den Möbeln und der Wäsche schlummern kann, dass er in den Zimmern, den Kellern, den Koffern, den Taschentüchern und den Bündeln alter Papiere geduldig wartet, und dass vielleicht der Tag kommen wird, an dem die Pest zum Unglück und zur Belehrung der Menschen ihre Ratten wecken und erneut aussenden wird, damit sie in einer glücklichen Stadt sterben.

Sie packt die Wörterbücher ein, von denen sie glaubt, dass ich sie brauchen werde. Mein zerfleddertes serbokroatisches Wörterbuch, das ich mir Anfang der 1980er-Jahre in Montenegro gekauft habe, gedruckt in Cetinje, der ehemaligen Hauptstadt des Königreichs Montenegro. Es fehlen mehrere Druckseiten, ein beeindruckendes Beispiel für die Ineffizienz des jugoslawischen Selbstverwaltungs-Sozialismus. Serbokroatisch, die Sprache, die es offiziell nicht mehr gibt. Serben, Kroaten, Bosniaken, Montenegriner pochen inzwischen auf ihre eigene Sprache, auch wenn sie sich noch immer auf Serbokroatisch unterhalten können. Rätselhaftes Ex-Jugoslawien.

Sie bringt mir die Wörterbücher mit Sprachen, die ich noch lernen will. Dari, Urdu, Paschtu. „Diese Sprachen musst du lernen", sagt sie, „wenn du aus Afghanistan und Pakistan glaubwürdig berichten willst."

Ich weiß, dass ich in diesen Wörterbüchern blättern werde, wenn ich wieder einmal nicht einschlafen kann, in den Hotelbetten dieser Welt, in denen ich mit ihr nie war. Und dann nehme ich mit, was ich in all den Jahrzehnten immer mitgenommen und mitgebracht habe, für meine Freunde im kommunistischen Osteuropa, in den Balkanländern, in Zentralasien, im Nahen und Mittleren Osten. Mozartkugeln, Präservative, Strumpfhosen, Pornohefte, Rasierwasser. Für die als Soldaten verkleideten Banditen an den Checkpoints der Frontlinien Zigaretten und Schnaps.

In der Vorahnung, dass auch mir das Schlimmste passieren könnte, gibt sie mir auch Verbandszeug, Heil- und Wundsalben mit. Aber nicht das Morphiumfläschchen, das mein berühmter Kollege von der BBC immer mit sich trägt, weil ich kein Fatalist bin.

Sie packt mir die Wäsche ein, aber nicht mehr die Khakihose, weil ich in diesem Outfit mit einem Kämpfer verwechselt werden könnte. Schnürsenkel und strapazfähige Schuhe, die Splitterweste, den Helm, das Satellitentelefon, Reiseproviant, meine Lieblingskassetten und -CDs, Mozarts Klavierkonzert KV 466, KV 467, in der Einspielung von Abbado und Gulda, The Dubliners, Johnny Cash – Musik, die ich um Mitternacht in einem fernen Hotelzimmer hören werde, Klänge, die mich vom Granatenlärm ablenken sollen.

Ich gehe noch einmal durch meine Bibliothek, suche Landkarten über Länder, die keine Urlaubsregionen sind. Und ich weiß, dass mich wieder Schrecken und Menschen in Not erwarten. Ist es Voyeurismus, Empathie oder doch der Wunsch, von Fremden zu lernen, auch wenn die Sehnsuchtsländer inzwischen Horrorländer sind?

Sie fährt mit mir im Taxi zum Flughafen, zum Abschiedszeremoniell in frühen Morgen- und späten Abendstunden. Zwei Gläser Sekt. Die Verschlusskappen der kleinen Sektflasche bewahrt sie bis zur Rückkehr auf. Das ist ihr Talisman.

Ein Abschied aus der Welt des Wohlstands in eine verkehrte Welt, in die Welt des Elends.

Ich treffe meine Kameraleute zur Abreise. Akram, Carl, Fritz, Ivan, Josef, Manfred, Norbert, Udo, Stephan, Valentin, Walid, Werner. Und ich weiß, ohne ihre Mithilfe und Kollegialität wäre meine Arbeit nie möglich gewesen.

Wir lernten uns kennen in Situationen, die sich unsere Zuseher und Zuseherinnen niemals vorstellen können.

Wir waren todmüde, verdreckt, mitunter auch besoffen, unsere Nerven lagen blank. Aber wir glaubten immer, dass die Storys, die wir produzierten, wichtiger waren als der Einsatz, den wir riskierten.

Wir glaubten, dass nicht wir es sind, die getroffen werden. Von verirrten und gezielten Kugeln der Scharfschützen. Aber wir mussten erfahren, dass es doch immer wieder einen Freund oder Bekannten traf.

Wenn deine Bilder nicht gut genug sind, warst du nicht nahe genug dran. Das Arbeitsmotto Robert Capas, *der* Kriegsfotografen-Legende des 20. Jahrhunderts. Er war nah genug dran. Und starb im Koreakrieg 1954, zerfetzt von einer Mine. Wie zu viele Kollegen und Kolleginnen auch.

Auch im Bosnienkrieg gab es sie, die *Terminator*-Imitate, die Filmaction mit journalistischer Arbeit verwechselten. P. M. war so einer. Schwarz gekleidet, mit Strohhut, Zigarre lässig im Mundwinkel, fuhr er den Todesstreifen, die *Sniper Alley*, vom Flughafen zum Kriegsreporter-Hotel *Holiday Inn* entlang, am

Auto einen Aufkleber mit der provozieren-
den Botschaft für die Scharfschützen: *Don't
shoot, I am immortal.*

Dass er nicht unsterblich war, wurde ihm spätestens bewusst, als ihm ein Sniper die Hand zer-
fetzte. P. M. starb vor einigen Jahren, nicht auf
dem Schlachtfeld, sondern ganz banal an einer
Kriegsreporter-Krankheit – an Alkoholismus.

Berichterstattung aus Kriegs-, Katastro-
phen- und Krisengebieten ist ein verstörendes
Geschäft. Es ist eine Arbeit über Menschen
in ihren schlimmsten Augenblicken. Die einzige Rechtfertigung für diese Arbeit ist die
Wahrhaftigkeit der Berichterstattung als Aus-
druck des Respekts.

Laut Fachliteratur ist das traumatische Er-
eignis *das direkte, persönliche Erleben einer
Situation, die mit dem Tod oder der Andro-
hung des Todes, einer schweren Verletzung
oder einer anderen Bedrohung der körperli-
chen Unversehrtheit zu tun hat.*

Am Norfolk Place, in der Nähe der Pad-
dington Station, befindet sich Londons auf-
fälligster Club, *The Frontline Club,* gegründet
von Kriegsberichterstattern während der ru-

mänischen Revolutionswirren 1989. Hier diskutieren jene, die weltweit von den Frontlinien zurückkehren und der Ansicht sind, dass die Verantwortung eines Kriegsberichterstatters keineswegs endet, *wenn die Story im Kasten ist*. Ein Treffpunkt, wo nicht nur über die Opfer von Kriegen gesprochen wird, sondern auch Spendenaktionen zu ihren Gunsten initiiert werden. Für Journalisten, die nach schwierigen Einsätzen die Narben ihrer wunden Seelen spüren.

Fadel Shana spürt nichts mehr.

16. April 2008, auf einer Straße im Gazastreifen in der Nähe von Al-Bureidsch: neun Leichen, neun Palästinenser. Einer der Toten ist der 23-jährige Fadel Shana, Kameramann für die britische Nachrichtenagentur Reuters. Auf seiner letzten Aufnahme hört man kurz das Zischen einer israelischen Panzergranate, die auf ihn zudonnert, sieht zwei Sekunden lang Rauch aus dem Kanonenrohr, dann ein Flimmern. Der Augenblick, in dem Fadel Shana getroffen wird. Der Augenblick seines Todes. Gestorben durch ein irrtümlich abgefeuertes Geschoss.

Sein Name ist auch auf dem Denkmal in Bayeux eingemeißelt, das von *Reporter ohne Grenzen* errichtet wurde, um an all jene Journalisten zu erinnern, die sich in Kampf- und Gefahrenzonen wagten. Bayeux war 1945 die erste französische Stadt, die von den Alliierten von der Nazibesatzung befreit wurde.

Als ich das Memorial zuletzt besuchte, waren dort die Namen von zweitausend Reportern aufgelistet, die seit 1944 in Ausübung ihres Berufs getötet wurden.

Es werden jährlich mehr.

Ich erinnere mich an das Mädchen mit dem Vogelkäfig in den verschneiten Bergen um Vitez in Zentralbosnien im Kriegswinter 1993. Eine Familie auf der Flucht. Sind sie Kroaten, Bosniaken, Serben? Ich weiß es nicht mehr. Ausgemergelte, hungernde, frierende Elendsgestalten im Niemandsland zwischen den Fronten. Ihr Gesichtsausdruck dem Gesicht auf Edvard Munchs *Der Schrei* nicht unähnlich. Verängstigte, Vertriebene, Todgeweihte. Ich stecke ihnen Geldscheine zu, um mein schlechtes Gewissen zu beruhigen.

Wir Reporter genießen das Privileg, aus Kriegsgebieten immer wieder abzureisen. Die Verdammten dieser Erde bleiben allein zurück.

Die Kleine ist vielleicht acht Jahre alt, zittert vor Kälte in ihrem schäbigen Kleidchen. Ich habe Mitleid mit dem Vogel und dem Mädchen.

Wir filmen dieses Elend und spüren, dass unsere Anteilnahme in diesem verstörenden Geschäft, das wir Kriegsberichterstattung nennen, verblasst.

„Hör vor der Kamera auf zu weinen", sage ich genervt zu dem Mädchen, nachdem ich Tausende, Zehntausende Flüchtlinge gefilmt habe. Vergewaltigte, Gedemütigte, für immer Traumatisierte, die mir Geschichten erzählten, die ich nie hören wollte.

„Wir sind Opferberichterstatter, nicht Kriegsreporter", sage ich zum Kameramann. „Wir müssen am Beispiel einer Person zeigen, dass Leid und Elend individuell sind."

Jedes Menschenleben ist eine Biografie, aber nicht jede Biografie ein Menschenleben, habe ich irgendwann irgendwo gelesen.

Der Irrsinn beginnt im April 1992 in Sarajevo, in der einst multikulturellen Stadt, in der das Leben einmal so lebenswert war. Jetzt beginnt das große Sterben. Kriegshetzer nehmen ihr bestialisches Treiben auf. Serbische paramilitärische Gruppen terrorisieren die Nicht-Serben, Barrikaden werden errichtet, Schüsse peitschen durch enge Gassen, Blut fließt auf den Straßen. Ein Möchtegern-Dichter und studierter Psychiater aus Montenegro mit wirren grauen Haarsträhnen wird zum Kriegsherrn, der eine friedliche Demonstration vor dem Parlament von seinen Scharfschützen beschießen lässt. Radovan Karadžić wird für einige Jahre zum Medienstar. Seine Tochter und gleichzeitig seine Pressesprecherin verursacht mit ihren idiotischen Schikanen gegen westliche Journalisten für das Image Serbiens im Westen größere Kollateralschäden als die NATO-Angriffe auf Serbien 1999.

Sarajevo wird für 1425 Tage zur belagerten Stadt, ein Ort zerfetzter Gliedmaßen, schreckensbleich verzerrter Gesichter, toter Seelen.

Die Straße vom Flughafen ins Stadtzentrum wird zur *Sniper Alley*, das Museum der

Olympischen Winterspiele 1984 in einer alten k. u. k. Villa zum Trümmerhaufen.

Ein kleiner Professor mit großer Brille, Shakespeare-Experte, der auf Pressekonferenzen in fließendem Englisch zu beeindrucken versucht, erklärt die Verbrechen mit dem Hinweis, in Kriegen passierten nun einmal solche Dinge. Vom Möchtegern-Dichter entmachtet, wird der Shakespeare-Kenner und Vizepräsident der Serbischen Republik Nikola Koljević Alkoholiker und erschießt sich 1997, zwei Jahre nach Ende des Bosnienkriegs. Auf seine Art ein tragisches, spätes Kriegsopfer wie aus einer Shakespear'schen Tragödie. *To be or not to be, that is the question.*

In einem Belgrader Café im Frühjahr 2011. Ratko Mladić, der Kriegsherr der bosnischen Serben, und deren Oberkommandant, der Psychiater Radovan Karadžić, müssen sich vor dem Kriegsverbrechertribunal in Den Haag verantworten. Hier haben sie noch immer ihre Bewunderer. Das kleine Belgrader Café heißt *Irrenhaus*. In diesem Refugium der Verklärung und Verdrängung werden Karadžić und Mladić als Retter des Serbentums verherrlicht.

„Das verzeihen wir der serbischen Regierung nicht, dass beide nach Den Haag ausgeliefert wurden", lallt ein Bewunderer mit schnapsverklärtem Blick und zeigt auf die Porträts der beiden an den Wänden, die wie Ikonen das Lokal schmücken.

„Hier verspüre ich positive Energie, hier treffe ich gute Menschen."

Die Wirklichkeit des Bosnienkriegs.

„Ich wünsche mir, dass keiner das mitmacht, was wir mitgemacht haben."

Fikret Alić, bosnischer Muslim, geht am Zaun entlang, wo er im Sommer 1992 gefilmt wurde – als Häftling im Lager Trnoplje, in Westbosnien. Ausgemergelt, fast verhungert. Das Porträt des Mannes, das weltweit auf Titelseiten prangte, wird zur medialen Ikone des Balkanhorrors der 1990er-Jahre. Im Frühling 2011 treffe ich Fikret Alić in Prijedor in der Nähe von Trnpolje. Nach zwanzig Jahren immer noch traumatisiert.

„Diese Bilder waren nicht gestellt, wie später behauptet wurde. Wir lagen im Dreck, hungernd. Wir hörten die Schreie der vergewaltigten Frauen. Wir sahen, wozu unsere serbischen Freunde fähig waren. Ich wusste, dass ich flüchten muss, wenn ich überleben will. Ich besorgte mir Frauenkleider, stieg in den Bus, der unter Aufsicht serbischer Paramilitärs Frauen und Kinder nach Tuzla in Nordbosnien brachte. Auf dem Weg dorthin wurden wir immer wieder beschossen und kontrolliert. Ein serbischer Soldat erkannte mich in meiner Verkleidung, sah aber weg. Es gab auch unter den Todfeinden Menschen."

Trnopolje, Omarska, Srebrenica – ich habe viel Schlimmes und Unvorstellbares gesehen, Jahrzehnte nach dem größten Menschheits-Verbrechen.

Juli 1996 mit einem Shoa-Überlebenden im ehemaligen Vernichtungslager Auschwitz. Leon Zelman, der Leiter des *Jewish Welcome Service* in Wien, reist in eine Welt des Schreckens – in die eigene. Nach 52 Jahren steht er erstmals wieder vor dem Krematorium III in Auschwitz-Birkenau. Weinend, hilflos.

„Darf ich jetzt die Kippa aufsetzen?", fragt der Mann, dessen Bruder und Freunde in Auschwitz ermordet wurden. „52 Jahre habe ich Angst gehabt hierherzukommen. Allein hätte ich es nicht geschafft. Ich erkenne das alles ja gar nicht mehr."

Jahrzehnte später in Bosnien ähnliche Erfahrungen. Heute idyllische Landstriche, noch vor wenigen Jahren Todeszonen.

Nura Alispahić weint am Grab ihres Sohnes. In der Gedächtnisstätte Potočari in der Nähe von Srebrenica in Ostbosnien. Ein Gräberfeld für achttausend im Juli 1995 ermordete bosnisch-muslimische Männer und Knaben, das größte Massaker an Zivilisten nach Ende des Zweiten Weltkriegs in Europa. Nura Alispahic hat Unvorstellbares gesehen: die Ermordung ihres Sohnes auf einem im Belgrader Fernsehen ausgestrahlten Video.

„Als ich das zum ersten Mal sah, bin ich fast ohnmächtig geworden und habe geschrien, bitte schlagt ihn nicht. Aus dem Nebenzimmer kam meine Tochter, auch sie ist heute tot, und hat mich gefragt, Mutter was ist los? Ich sagte, den sie hier erschießen, das ist Hasko, so habe ich ihn genannt."

Und während sie mir diese Familientragödie erzählt, kramt sie in ihrer braunledernen, abgegriffenen Geldbörse und zeigt mir ein Foto ihres Sohnes Hasko. Internationale Forensiker haben ihn nach Jahren mithilfe von DNA-Analysen in einem Massengrab in einer Waldlichtung identifiziert. Was von ihm blieb: zerstreute Knochen und eine schlammverdreckte Hose.

„Vor dem Krieg haben wir nicht gewusst, wer Nationalist, wer Kommunist ist. Viele Kommunisten haben sich über Nacht in leidenschaftliche Nationalisten verwandelt."

Dževad Karahasan, der berühmte bosnisch-muslimische Schriftsteller, versucht mir in einem Café in Sarajevo den Wahnsinn der jugoslawischen Tragödie zu erklären: „Jugoslawien ist zerfallen, weil wir alle nicht in der Lage waren, die Gründe für das Zusammenleben, die Gründe für das Weiterbestehen dieses Staates zu artikulieren."

Mehr als zwei Jahrzehnte nach dem Zerfall Jugoslawiens sind die Folgen nationalistischer Kriegshetze und Verblendung noch immer spürbar. Feindbilder und Kriegspropaganda prägen das Denken, Handeln und Fühlen auch einer neuen Generation. Oder wie Karahasan sagt: „Die Schriftsteller produzieren weiterhin solche Mythen, solche Geschichten. Die Intellektuellen belügen weiterhin ihre Gesellschaftsgruppen, manchmal auch sich selbst."

Im März 2006 ist Peter Handke der prominenteste Trauerredner beim Begräbnis des Mafiapaten Slobodan Milošević, der von Groß-Serbien träumte, das von ihm verschuldete klein gewordene Serbien ausbeutete und sein Volk um Abermillionen beraubte. Von seinem berühmten österreichischen Dichterkollegen hält Karahasan nicht allzu viel: „Er tut so, als ob er daran glaubte, dass sich die Wahrheit, die endgültige, einzige, ihm, dem Dichter, offenbaren würde, sobald er in Berührung mit den Bäumen, Flüssen und dem Schnee Serbiens kommt."

Und ich höre wieder einmal ein Lied eines meiner balkanischen Lieblingssänger, eine Ballade von Đorđe Balašević:

Weißt du was, sollen sich die Jahreszeiten drehen,
Sollen die Sterne unruhig werden,
Sollen sich die Gebirge verlagern,
Nur keinen Wahnsinn unter Menschen mehr.
Die Großen bieten Irrtümer an,
Schrecken uns mit verschiedenen Wundern ab
Und zerstören jedes Märchen.

Die Geschichte des Balkans ist kein Märchen.

Ich treffe die Deutschlehrerin meiner Sarajevo-Producerin. Herta Schamanek war die Tochter des Arztes, der im Juni 1914 die Leichname des von Gavrilo Princip erschossenen Thronfolgerpaars präparierte.

„Mein Vater wurde aus Wien aufgefordert, Franz Ferdinand und seine Frau zu konservieren. Er hat immer betont, *konservieren*, nicht *balsamieren*. Die Leichen wurden aufgebahrt und mit einem Schiff nach Triest gebracht. Mein Vater hat sofort gewusst: Dieses Attentat bedeutet Krieg."

Es wurde das Jahrhundert der Kriege. Auch am Balkan. Noch einmal in den 1990er-Jahren.

FREMDES LEID,
KALTE TRAUER

Wenn du lange in einen Abgrund blickst,
blickt der Abgrund auch in dich hinein.

Der Irrsinn ist bei Einzelnen etwas Seltenes,
aber bei Gruppen, Parteien, Völkern, Zeiten die
Regel.

Friedrich Nietzsche, *Jenseits von Gut und Böse*

Was Opfer in Kriegsgebieten erleiden, ist jenseits unserer Vorstellungskraft.

Bring the story alive. Don't report about war. Report about people and what the war is doing to them. Dieser Ratschlag meines im Jahr 2000 im Bürgerkrieg in Sierra Leone erschossenen amerikanischen Kollegen Kurt Schork war auch das Leitmotiv meiner Arbeit.

Die besten unserer Zunft, die ich kennenlernte, waren keine hartgesottenen Draufgänger, keine anonymen Schreibtischtäter – sondern sensible, intellektuelle, zweifelnde und verzweifelnde Kollegen und Kolleginnen, mit denen ich nach Drehtagen an Massengräbern Gespräche und Diskussionen über Gustav Mahler und Ernest Hemingway führte.

November 2012 an der türkisch-syrischen Grenze: Ceylanpınar heißt das Städtchen auf türkischer Seite, Ra's al-'Ain auf syrischer. Ein Stacheldrahtzaun teilt die Ortschaft. In einem Hotel auf türkischer Seite einquartiert, beobachte ich die Schrecken des syrischen Bürgerkriegs. Assads Luftwaffe bombardiert Häuser und Wohnungen, Hunderte verzweifelte Syrer durchqueren die Stacheldrahtbarriere und suchen vermeintliche Rettung in der vom Bürgerkrieg verschonten Türkei.

In einem Park liegen Hunderte Syrer unversorgt und wissen, dass sie nicht willkommen sind.

Zwei Flüchtlingskinder spielen mit Patronenhülsen.

„Wir wissen nicht, wie wir diese Flüchtlinge versorgen sollen", sagt Bürgermeister İsmael Arslan. „Tausende sind jetzt zu uns geflüchtet – nicht nur Zivilisten. Wir wissen, dass auch Assads Agenten unter ihnen sind. Das macht uns nervös."

Die syrischen Flüchtlinge im Niemandsland des Vergessens, unwillkommen, ungeliebt, ihrem eigenen Schicksal ausgeliefert. Opfer eines Regimes, das um das eigene Überleben kämpft und dafür Zehntausende Ermordete in Kauf nimmt.

Der Traum vom *Arabischen Frühling*, ein von westlichen Medien kolportierter wohlmeinender Terminus, wird im syrischen Winter zum Albtraum.

Der syrische Horror: Schwarz maskierte Schreckensgestalten, die Dschihadisten des *Islamischen Staates in Irak und Syrien (ISIS)*, terrorisieren ihre Gegner, wollen einen islamischen Staat in der Region. Eine Internationale des Terrors, in deren Reihen mindestens fünftausend Ausländer kämpfen, Tunesier, Saudis, Türken, Ägypter, Tschetschenen, Indonesier, Iraker, Europäer. Sie bedrohen, entführen, ermorden die Befürworter einer Zivilgesellschaft in Syrien: Journalisten, Anwälte, Geistliche.

In Syrien riss ein ziviler Aufstand gegen ein autoritäres Regime das Land in einen Bürger- und Stellvertreterkrieg, der die gesamte brandgefährliche Region destabilisieren kann. Beide Seiten, Assads Armee und die Rebellen, führen einen Abnutzungskrieg. Eine politische Lösung ist nur durch Vermittlung externer Kräfte, wie Russland und Iran, möglich. Putins Russland ist die wichtigste Schutzmacht des Assad-Regimes. Aus Furcht, nach einem Sturz Assads könnte der Bürgerkrieg zwischen Sunniten und Schiiten außer Kontrolle geraten, mit der Folgewirkung, dass radikalisierte Gruppierungen die Aufstandsbewegungen an Russlands Südflanke im Kaukasus unterstützen. Russlands Syrienpolitik erklärt sich aus der Nervosität des Putin-Regimes. Moskau befürchtet, dass weitere Regimewechsel im Nahen Osten auch Protestbewegungen in Russland oder, wie bereits erfolgt, in der Ukraine zur Folge hätten und die Legitimität des herrschenden Re-

gimes infrage stellten. Einen von außen un-
terstützten Regimewechsel wie in Libyen
nach dem Sturz Gaddafis wollen Putin und
seine Oligarchen-Clique in Russland und in
der Ukraine um jeden Preis verhindern.

Syrien heute: ein unglückliches, verwüs-
tetes, in Trümmer geschossenes und zerstör-
tes Land, das seine kulturelle Vergangenheit
vernichtet und im Bürgerkrieg zu zerfallen
droht.

Herbst 2012: Unterwegs auf den Serpentinen
zum Kloster Maalula inmitten kahler Berge
nördlich von Damaskus. Die kleine Chris-
tengemeinde, die eine moderne Variante
des Aramäischen, der Sprache Jesu Christi,
spricht, bangt um ihre Sicherheit.

„Alle haben wir Angst, nicht nur wir Christen", sagt ein Student. „Jeder will in Frieden leben. Die Sicherheit ist das Wichtigste.
Wenn man merkt, dass etwas nicht stimmt,
dann hat jeder Angst."

Basel Koba, syrisch-orthodoxer Christ, befürchtet das Schlimmste: „Bei uns gab es bisher keine radikalen Religiösen, Angst haben

wir vor den Terroristen, die aus dem Ausland kommen und die Probleme verursachen."

Pelagia Sayyaf ist die Oberin des griechisch-orthodoxen St.-Thekla-Klosters. Sie und ihre kleine Gemeinde fühlen sich von Präsident Assad geschützt: „Wo ist der Ersatz für Assad? Wir wissen nicht, wer sein Nachfolger wird, aber sicher ist es ein Unbekannter. Und vor dem hat jeder Angst, denn wen man kennt, fürchtet man nicht."

Wochen später wird Pelagia Sayyaf mit elf ihrer Ordensschwestern von einer islamistischen Extremistengruppe aus dem Kloster verschleppt und erst Monate später gegen eine hohe Lösegeldzahlung freigelassen.

Der Horror des syrischen Bürgerkriegs wird mit 140.000 Toten Wirklichkeit. Dem syrischen Christentum droht die Auslöschung.

September 2012 an den Frontlinien in Damaskus: Die Dreharbeiten sind mühsam und gefährlich, Scharfschützen lauern, die jungen Soldaten in Assads Armee sind extrem nervös. Friedensappelle und Aufrufe zum Gewaltverzicht stoßen auf taube Ohren. Auch bei Regimegegnern.

Es ist eine surreale Welt in Damaskus. Einerseits scheinbare Normalität, normaler Straßenverkehr, die 30. Straße Kampfzone, abgesperrt, hier wird geschossen, hier explodieren Bomben. Der Einfluss der Islamisten wird immer stärker. Die Kriegsverbrechen auf beiden Seiten nehmen zu, der Krieg wird immer brutaler.

In einem Viertel, in dem Christen und Drusen leben, treffen wir Faiza, eine irakische Christin. Vor sieben Jahren ist sie aus dem Irak nach Syrien geflüchtet, von einer Katastrophe in die andere. Und wurde zur Fatalistin: „Der Tod ist überall gleich", sagt sie uns in die Kamera.

Bagdad in den Jahren 2006/07: Auf Müllhalden bluten enthauptete Körper aus, Hunde schnüffeln an Torsi und schlecken in blutigen Rinnsalen. Auf Grünstreifen zwischen Autobahnen liegen Tote. Leichen treiben den Tigris hinab.

Es sind die Jahre des Massenmords im Irak, die Jahre des Abschlachtens, der täglichen Entführungen und Autobomben. Schiiten massakrieren Sunniten, Sunniten bringen Schiiten um, der irakische Bürgerkrieg tobt in seinem fürchterlichsten Furor.

Bagdad im März 2007 im *Shabunder*-Café. Der Besitzer Muhamed Al Chaschal erzählt: „Es war elf Uhr Vormittag, die Straßen waren überfüllt mit Menschen, die einkaufen wollten. Da raste ein Auto, vollgestopft mit Sprengstoff, auf mein Lokal zu. Es gab eine heftige Explosion. Häuser wurden beschädigt, 68 junge Menschen starben, fünf meiner Söhne fand ich unter den Trümmern."

Die Gleichzeitigkeit des Unwirklichen. In der *Mutanabbi*-Straße führt Akram Hussein einen Buchladen: „Unsere Buchhandlung gibt es seit 1930. Mein Vater hat sie gegründet. Wir sind spezialisiert auf alte Bücher. Auch unsere Straße wurde durch Explosionen verwüstet. Aber wir sind geblieben und verkaufen noch immer Bücher."

Besuch beim Schneider Kader Nasser im März 2010: „Seit fünfzig Jahren stehe ich im Geschäft, habe Mäntel und Anzüge für Generäle und den Präsidenten geschneidert. Heute können sich nur noch wenige Maßanzüge leisten. Sie kaufen Auslandsware von der Stange."

Und dann macht uns Kader Nasser auf den Stolz seines Geschäfts aufmerksam. Fotos von internationalen Filmstars: „Das ist ein altes Hobby von mir. Humphrey Bogart, Robert Mitchum, James Dean, Clark Gable, Charlie Chaplin. Alle ihre Filme habe ich gesehen – und gestern in der Oscar-Nacht habe ich im Fernsehen gesehen, dass der Österreicher Christoph Waltz einen Oscar bekam. Den kenne ich noch nicht."

Polizeichef Kasem Atta, der offizielle Sprecher des Innenministeriums, versucht die katastrophale Sicherheitslage zu verharmlosen: „Ja, es gibt Anschläge in verschiedenen Bezirken. Das ist der Versuch, die Bevölkerung einzuschüchtern, dass sie nicht zur Wahl geht. Aber ich glaube an die Demokratie. Der Sieg der Demokratie ist die Niederlage des Terrors. Und es wird von uns auch alles getan, um diese Demokratie durchzusetzen."

Interviews mit Irakern vor einem Bagdader Wahllokal im März 2010.

Hassan Muhamed Hadi: „Die Wahlen zeigen, dass wir ein freies Volk sind. Die erste Regierung hat uns betrogen. Wir hoffen, dass jetzt die Politiker, die wir wählen, die Sicherheit wiederherstellen. Dass die Politiker uns nicht wieder beschwindeln, dass sie Arbeitsplätze schaffen."

Ajad Fehri, seine Frau: „Ich hoffe, dass sie den Irak wiederaufbauen."

Lemis Abdul Hadar klagt: „Wir haben eine fürchterlich schlechte Zeit hinter uns. Es wird Zeit, dass damit Schluss ist. Nach all diesen Qualen sind wir sehr müde."

Und Hadschije Fadil Mussa: „Wir haben gelernt, damit zu leben. Heute hörte ich wieder Explosionen, wie fast jeden Tag."

Bagdad, vier Jahre später. Eine verlorene Stadt, unsicher noch immer, leere Märkte, leere Restaurants. Ausländer zahlen noch

immer wie in den schlimmsten Kriegstagen
tausend bis dreitausend Dollar täglich für Si-
cherheitsfirmen, die letztlich keine Sicherheit
garantieren können.

Al-Qaida terrorisiert noch immer das
Land, inzwischen auch den Nachbarstaat Sy-
rien. Glaubensterroristen, eine Bande von
Psychopathen und Kriminellen führt einen
Privatkrieg gegen die Zentralregierung in
Bagdad.

Die Invasion der alliierten Truppen war
ein Erfolg, die Besatzung eine Katastrophe,
die Lage nach dem Abzug der Amerikaner
Ende 2011 wird zum Desaster. Neun Jahre
Krieg, der die amerikanischen Steuerzahler
mehr als 700 Milliarden Dollar kostete.

Wiedersehen mit Freunden im Irak acht Jahre nach Saddams Hinrichtung. Im Kampf
für die angebliche Demokratisierung wurden
115.000 Iraker und 4500 Amerikaner getötet. „Mission accomplished", hatte George
W. Bush Anfang Mai 2003 triumphiert. Eine
schwere Fehleinschätzung des 43. Präsidenten der USA. Nicht seine einzige.

„Bombing for democracy is like fucking for virginity", sagt Freund Mahmud, mein Producer und Übersetzer. Einer dieser für ausländische Reporter in Kriegsgebieten Unersetzbaren, die fürs Überleben bei meiner Arbeit wichtiger sind als Satellitentelefon, Helm und Schutzweste.

„Dear brother, I miss you. My family also says hello to you. The situation is bad, worse than ever", mailt Mahmud im März 2014. „Hope to see you soon in Bagdad."

Es reizt mich, wieder hinzufahren, aber wohlmeinende Bekannte raten davon ab. Beruflich muss ich nicht mehr hin, alte Bekannte und Freunde wiederzusehen ist verlockend, ich will sie nicht im Stich lassen, in einem unregierbaren Land, das die Briten 1920 aus drei Provinzen des Osmanischen Reichs zusammenflickten. Mosul im Norden, Bagdad in der Mitte, Basra im Süden.

Aber ich weiß, ich habe das alles schon gesehen und gehört: Checkpoints, Sandsäcke, Waffen, Schäferhunde, übernervöse Soldaten und Polizisten, Schüsse, Explosionen.

Wir waren nicht allzu viele, die es damals als Reporter in den Irak zog, in das alte Mesopotamien, das Zweistromland zwischen Euphrat und Tigris, das Land der Bibel mit faszinierenden historischen Namen. Babylon, Ninive, Ur, das Land, das ich schon immer sehen wollte.

Wir wussten, noch als Saddam Hussein, der blutrünstige Diktator, an der Macht war, dass es 2003 zum Krieg kommen wird. Die Suche der UNO-Inspekteure nach Massenvernichtungswaffen des Regimes, der Kriegsgrund, war eine Groteske der Diplomatie. Und des Journalismus.

Als die ersten US-Bomben auf Bagdad fielen, tummelten sich im Hotel *Palestine* mehr Journalisten als Soldaten. *Zur rechten Zeit am rechten Ort.*

Taras Protsyuk, ein ukrainischer Kameramann, der für die Agentur Reuters arbeitete, lag mit aufgerissenem Bauch im dreizehnten Stock inmitten von Rauchschwaden, getroffen von einem US-Panzer. Er starb auf dem Weg ins Krankenhaus in den Armen eines Kollegen.

Schon Anfang Mai 2003 wird mir klar, dass der Irak auf ein Inferno zusteuert.

In der Sunnitenhochburg Falludscha in der Provinz Al-Anbar, siebzig Kilometer westlich von Bagdad, schwenkt eine wütende Menge Saddam-Hussein-Fotos, umzingelt meinen Kameramann und mich mit der Drohung, das ausländische Kamerateam zu lynchen. Wir werden für israelische Spione gehalten, können letztlich aber mit Verhandlungsgeschick diesen absurden Vorwurf entkräften. Dass ich überlebte, verdanke ich meinem irakisch-österreichischen Kameramann, der in Kenntnis der arabischen Seele die befreienden Worte findet.

Ich beginne an meiner eigenen Zurechnungsfähigkeit zu zweifeln, denn wenige Tage und Wochen später fahre ich wieder in diesen Hexenkessel, während Tausende Einwohner Falludschas aus der Stadt flüchten. Ich spüre den Drang, dort sein zu müssen, irgendwie schizophren, aber ich denke mir, man muss es gesehen haben, um es zu glauben. Es ist der Versuch, einen Konflikt zu verstehen und zu zeigen, wie er ist.

Ich hätte getötet werden können.

Ich gerate in eine beschissene Lage mit vielen Unbekannten, aber ich versuche, klar zu denken und klare Entscheidungen zu treffen – bei aller Angst und Furcht.

Und ich denke mir, wer wirklich Schiss hat, soll heutzutage nicht nach Afghanistan, in den Irak und nach Syrien fahren.

Ich spüre wieder die Adrenalinstöße, aber auch die Realität des Massenmords, wenn ich über Leichen stolpere. Verfolgt und quält mich ein heimlicher Todestrieb? Meine sichtbaren Narben sehe ich im Spiegel, die unsichtbaren verheimliche ich vor mir selbst.

Das ist der Preis, den zahlen muss, wer eine grausame Geschichte erzählt.

Wir wollen Zeugen des Elends und Leidens sein, es begreifbar machen, sodass auch der Rest der Welt das Unbegreifliche des Kriegshorrors versteht.

Aber wir leben auch davon. Unser Geschäft ist der Tod.

Wir bekommen eine Menge Tote zu sehen, wir fahren in die Leichenschauhäuser und filmen schmerzverzerrt verlorene Menschen, die ihre ermordeten Familienangehörigen identifizieren.

Und wir wissen, wir profitieren davon, egal wie ehrenwert unsere Motive sein mögen.

Wir haben eine Story.

Wir werden für unsere Arbeit bewundert oder verachtet. Wir bekommen Preise dafür, dass wir berichten, wie andere verrecken.

Daran muss ich immer denken. Und dass mich diese Arbeit für immer verändert hat.

Auslandsreporter fahren in ferne Gegenden, um von dort, vor Ort, zu berichten. Kriegsreporter fahren in Kriege. Berichten aus Gegenden, wo die Kugeln fliegen. Afghanistan, Pakistan, Irak, Kabul, Masar-e Scharif, Herat, Dschalalabad, Karbala, Nadschaf, Basra, Damaskus, Homs, Aleppo … Exotisch klingende Länder und Städte, in denen geliebt, gelebt und gestorben wird. Wenn auch nicht immer in dieser Reihenfolge.

Kriegsreporter reisen, wenn es sein muss, auch mit Panzern, in Hubschraubern, in wenig vertrauenerweckenden Taxis, allein oder in Medien-Pools, auf der Suche nach Soldaten, Flüchtlingen und Toten.

Das ist ihr Beruf, ein durchaus ehrenwerter, wenn du dich nicht manipulieren lässt.

Kriegsreporter riskieren ihr Leben.

Nicht nur für Berichte, weil Krieg sie fasziniert. Sie riskieren ihr Leben für eine Gesellschaft, die nicht mehr weiß, was Krieg ist, auch wenn heute Kriegsgräuel aller Scheußlichkeitsgrade täglich auf *YouTube* jedem zugänglich, aber nicht jedem nachvollziehbar sind.

Auch wenn wir heute eine Umkehrung der Medienbilder erleben, miterleben.

Die abstoßend-grässlichen Bilder von gefolterten, gedemütigten, mit Scheiße beschmierten, von Hunden gehetzten gefangenen Irakern 2003 im Abu-Ghraib-Gefängnis in der Nähe Bagdads haben US-Soldaten ins Netz gestellt, nicht Kriegsberichterstatter.

Die Bilder der niedergeschlagenen Unruhen im Iran 2009 in den Straßen Teherans haben regimekritische Demonstranten mit ihren iPhones produziert.

Die Brutalität des syrischen Bürgerkriegs haben Regierungssoldaten, Rebellen, Aufständische, Terroristen, Flüchtlinge, Gefolterte mit selbst gedrehtem Bildmaterial dokumentiert.

Abstoßend, widerlich, mediengeil.

Wir leben in einem neuen Medienzeitalter.

Aber noch immer stirbt alle fünf Tage ein Journalist in einem Krisengebiet.

Kaum ein Kriegsreporter glaubt, dass er mit seiner Berichterstattung die Welt verbessern kann.

Ich wollte die Welt verändern. Der Krieg hat mich verändert.

September 2004. Tal Afar westlich von Mosul in der Grenzregion zu Syrien in der irakischen Provinz Ninive. Unterwegs mit US-Truppen als *Embedded Journalist*, im Truppenverband einer militärischen Einheit.

Wie man sich bettet, so lügt man, lautet ein gern und oft zitierter Kalauer. Und auch dieses Bismarck-Zitat gilt noch immer: *Es wird niemals so viel gelogen wie vor der Wahl, während des Krieges und nach der Jagd.*

Der Journalist muss lernen, die Medienstrategie, Information und Desinformation der Kriegsparteien zu durchschauen. Doch auch der Medienkonsument muss lernen, die Medienrealität von der Wirklichkeit zu unterscheiden.

Tal Afar, eine irakische Wüstenstadt, in der Araber, Kurden und Turkmenen leben. Für die amerikanischen Besatzungstruppen war die Stadt ein *Al-Qaida*-Stützpunkt, der zurückerobert werden musste, für den Reporter ein schauriges Szenario. Eine Geisterstadt.

Aufgedunsene Leichen mit grüngrauen Gesichtern verrotten in staubigen Straßen, durch die Ratten huschen. Ausgebrannte Autos, Geköpfte, deren fahle Körper von Hunden gefressen werden. Explosionen, Leuchtspurmunition. GIs, die auf alle und alles schießen, Häuser und Wohnungen stürmen, mit Maschinengewehrsalven verängstigte Bewohner einschüchtern. Horden hochgerüsteter uniformierter Tölpel, ahnungslose Kindergesichter, von Washington abkommandiert, ein Land zu befreien und mit Demokratie zu beglücken. Ein Feldzug der an ihrem Auftrag Gescheiterten, die sich Jahre später aus dem irakischen Wüstenstaub auf und davon machen.

Al-Qaida, ein Wort, das wir Journalisten, angeblich Alles- und Besserwisser, nach *9/11* auch erst lernen mussten. Es bedeutet *die Basis*. Und wird bis heute meist falsch ausgesprochen. Die Betonung liegt auf der Silbe *Qa*. Wird das *i* lang ausgesprochen und betont, bedeutet das Wort *Partner, Lebensgefährte* oder *Prostituierte*. Die falsche Aussprache hat meine arabischen Freunde immer wieder zu Lachsalven veranlasst.

Mir fällt die große amerikanische Kriegskorrespondentin Martha Gellhorn ein, der Satz aus einer ihrer Vietnam-Reportagen 1967, ihr Wunsch, *[not] to learn about new techniques of warfare, nor ever see young men killing each other on the orders of old men.*

Wunschdenken.

Und ich denke mir, verglichen mit der zerbombten Häuserzeile, in der ich Schutz suche, ist das im Jahre 79 nach Christus durch den Ausbruch des Vesuv zerstörte Pompeji ein gut konserviertes attraktives Ruinenfeld.

Der 2003 begonnene Irakkrieg war ein Medienkrieg, so wie alle Kriege spätestens seit

Cäsars *Commentarii de Bello Gallico*. Die für Desinformation zuständigen Presseoffiziere des Pentagon versuchten uns Journalisten als Vierte Gewalt einzubinden.

Du bekommst Informationen, aber du weißt, du wirst kontrolliert. Das Gefühl, *embedded* zu sein, eingebettet in eine Kompanie, die du nicht kennst, schafft eine unbekannte Nähe zu neuen Kumpeln und Kameraden.

Doch so neu und originell war dieses nach dem Informationsdesaster der US-Army im Vietnamkrieg gewonnene Konzept auch nicht: *Embedded Journalists* gab es schon im Ersten Weltkrieg. Die Kriegspropaganda sollte damals wie heute die Kampfmoral der eigenen Truppe stärken, den Gegner dämonisieren. Nicht die Wahrheit, die Propagandawirkung ist gefragt. Die offizielle österreichische Kriegspropaganda des Ersten Weltkriegs hatte eine Stabsstelle, das KPQ, das k. u. k. Kriegspressequartier. Gegründet am 28. Juli 1914, einen Monat nach der Ermordung des Thronfolgerehepaars in Sarajevo. Bis Kriegsende 1918 zählte das KPQ 880 Mitarbeiter, unter ihnen die später weltbekannten Schriftsteller Hugo von Hofmannsthal, Robert Musil, Franz Werfel, Stefan Zweig.

In seinem epochalen Werk *Die letzten Tage der Menschheit* geißelte Karl Kraus die Lügenmaschine der Propaganda und die Journalisten, die ihr auf den Leim gingen:

Heisa! Lustig ohne Sorgen
Leb ich in den Krieg hinein,
Den Bericht geb ich für morgen,
Schön ist's ein Reporter sein.

Für diese Kriegsberichterstatter des Ersten Weltkriegs galten feste Regeln. Ihre Nachrichten wurden genau überprüft, Personen und Orte, Angaben über die eigene Truppenstärke oder Berichte über eigene Verluste durften nicht veröffentlicht werden. Eine Praxis, die auch für uns aus dem Irakkrieg berichtende Reporter galt, wenn wir *embedded* mit amerikanischen Truppen in Kampfgebiete fuhren.

Auch für kritische Journalisten war es bei manchen Einsätzen unvermeidlich, *embedded* mitzufahren, da es sonst unmöglich gewesen wäre, an Informationen der US-Truppen zu kommen. Das ist an sich nichts Negatives, aber der Journalist, der seinen Job ernst nimmt, muss deutlich machen, aus welcher Perspektive er berichtet.

Meine Auffassung war immer, nicht so zu berichten, wie die Kriegsherren die Reportagen geplant hatten. Mich interessierte, wie es in den Krankenhäusern und an Orten aussieht, wo die Bomben eingeschlagen hatten. Dort findet der wirkliche Krieg statt. Nicht wo medienwirksame Abschüsse gefilmt werden.

Zu den Opfern zu fahren war im Irak ab 2005, nach Beginn der interkonfessionellen Kämpfe, nicht einfach, da wir westlichen Journalisten, die auf eigene Faust recherchierten, in unserer Bewegungsfreiheit eingeschränkt waren. Verlässliche Informationen zu bekommen war nur möglich, weil es mir und anderen Kolleginnen und Kollegen gelungen war, vertrauenswürdige Mitarbeiter zu finden.

Wir waren an die Grenzen unserer beruflichen Möglichkeiten gestoßen. Mit der Konsequenz, dass unsere Berichterstattung infrage gestellt wurde, weil wir nicht kontrollieren konnten, ob die Berichte, die unsere lokalen Mitarbeiter zulieferten, wirklich stimmten.

Der Kriegsreporter wird zu einer Art Gefangener, ausgeliefert dem Propagandaapparat der kämpfenden Parteien, aber auch getrieben vom Ethos, die Wahrheit zu sagen – wenn dieses pathetische Wort erlaubt ist. Für die Öffentlichkeit wird der Kriegsberichterstatter zu einer verklärten Figur, zu einem virtuellen Haudegen zwischen aufgeklärter Mediengesellschaft und Schützengrabenrealität.

Du versuchst in der Hektik des Quotendrucks mit Bildern die Wirklichkeit zu erfassen, ganz ohne philosophische Reflexion, was Wirklichkeit oder Realität ist. Scharfschützen sind keine Gesprächspartner für erhellende oder kontemplative Diskussionen.

Ich habe im Irak meine jungen Kolleginnen und Kollegen beobachtet, *eingebettet* unterwegs mit US-Truppen. So jung und unerfahren wie die Soldaten, die sie begleiteten. Sie kamen aus Chicago, New York, Toronto in eine Welt, die sie nicht verstanden, so wenig wie die Krieger, über und von deren Gefechten sie berichten sollten. Sie arbeiteten unter enormem ökonomischen Druck, fast immer als sogenannte Freie, sie wollten Abenteuer erleben, bekannt werden. Einige wurden auch berühmt – wenn sie nicht draufgingen.

Ich traf die hartgesottenen Zyniker der Zunft, die seit der Tet-Offensive 1968 in Vietnam im Tross der internationalen medialen Katastrophenkarawane unterwegs waren, durchgeknallte Typen, die ethische Bedenken eines Kriegsreporters für Zeitverschwendung hielten. Für die 4500 tote amerikanische Soldaten im Irak ein Klacks waren gegen die jährlich mehr als 30.000 Verkehrstoten in den USA. Die meinten, Neutralität sei etwas für österreichische Diplomaten und Schweizer Schiedsrichter.

Ich lernte in Bagdad aber auch Tim Hetherington kennen, den britischen Fotografen, Kameramann und Dokumentarfilmer. Er war an den gefährlichsten Kriegsschauplätzen. Im April 2011 wurde er im libyschen Bürgerkrieg während eines Straßengefechts in Misrata von Gaddafi-treuen Truppen getötet. War sein Tod sinnlos?

Tim Hetheringtons Vermächtnis ist seine Dokumentation über den für den Westen verlorenen Afghanistan-Krieg zehn Jahre nach dem Versuch der USA und ihrer Verbündeten, die Taliban zu stürzen und zu entmachten. Sein Film zeigt ein *Platoon*, fünfzehn Mann, die in einem entlegenen Tal im gebirgigen Grenzgebiet zu Pakistan zwei Jahre unter Blut, Schweiß und Tränen einen Gefechtsvorposten gegen die Taliban verteidigen, um ihn schließlich aufzugeben. Die Absurdität des Afghanistan-Kriegs der Amerikaner.

Es ist eine Legende, dass der Krieg Kriegsreporter fasziniert, dass sie süchtig nach Gefahren sind.

Mich hat immer empört, dass mir Voyeurismus und Todessehnsucht vorgeworfen wurde. Vorwürfe, die mich betroffen machen. Wenn Kollegen oder Kolleginnen getötet werden, die über das Leid anderer berichten wollten, endet das Selbstmitleid. Keiner, der zu verzweifelten, hilflosen Menschen fährt, keiner, der Vergewaltigte, Verstümmelte, Vertriebene in ihrem Elend trauern hörte, ist von Krieg und Gewalt fasziniert.

In Kabul lernte ich Nils Horner kennen, den Radioreporter mit schwedisch-britischem Pass. Im März 2014 wurde er im Diplomatenviertel im Zentrum Kabuls erschossen, in der Nähe des bei Ausländern beliebten Restaurants *Taverna du Liban*. Erschossen von einer Islamistengruppe, die den schwedischen Kollegen für einen Spion des britischen Geheimdienstes MI 6 hielt.

Die *Taverna du Liban* war auch eines meiner Lieblingslokale in Kabul. Den für seinen Schokoladekuchen und seine libanesische Küche berühmten Besitzer Kamal Hamade und zwanzig seiner Gäste erschossen Taliban im Jänner 2014. Für seine ausländischen Lokalbesucher hatte er für den Fall des Falles Fluchtpläne vorbereitet. Den Taliban waren diese Vorsichtsmaßnahmen egal.

Die Taliban bleiben, die NATO-Kampftruppen ziehen ab – aus einem Land, das zehn Jahre sowjetische Besatzungstruppen überlebte, in zwanzig Jahren Bürgerkrieg ausblutete. Eine Million Tote, fünf Millionen Flüchtlinge. Unermesslicher Häuserschutt in einer staubigen, feindlichen, abweisenden Landschaft.

Selten fühlte ich mich so fremd wie am Hindukusch. In diesem Niemandsland verlorene amerikanische Soldaten, in Kabuls schwarz gerußten Ruinen Heroinsüchtige, die während unserer Dreharbeiten mit Messern auf uns losgingen. Opfer von Selbstmordanschlägen, die wir auf einer Straße auf der Fahrt von Dschalalabad nach Kabul filmten. Ringsum Leichen, Kleiderfetzen, Blut und schmerzverzerrte Schreie.

Afghanische Impressionen, wie sie ein Reporter erlebt.

Ein Land voller Widersprüche.

Gastfreundliche, ehrliche Menschen. Die wenig hatten, gaben viel. Die nichts hatten, wollten alles geben. Und manche ihrer Erzählungen machten mich fassungslos: „Wir haben sie gehäutet, bis zum Bauch eingegraben und gewartet, bis die Geier kommen. Sie brüllten viehisch vor Schmerzen.“

Die Gehäuteten waren junge gefangen genommene Soldaten der Roten Armee, die 1979 Afghanistan überfallen hatte und zehn Jahre später geschlagen abziehen musste. Gegen diese Armee kämpfte mein Producer und

Übersetzer Ali, der später gegen die Taliban in den Krieg zog.

Er war einer dieser *stringer*, Zulieferer, die für ein paar Dollar unsere Arbeit ermöglichen und erleichtern, einer dieser Fatimas, Mahmuds, Marijas, Veras, Nermanas oder Ivanas auf dem Balkan, im Nahen Osten, in Zentralasien, die nach Ende eines Drehtags nach Hause zu ihren Familien gingen oder, wenn es zu gefährlich war, über Nacht in unseren Absteigquartieren blieben und mit unseren Satellitentelefonen ferne Verwandte anriefen. Nicht selten waren unsere Unterkünfte ausgebombte Wohnungen, feuchte Kellerlöcher oder Schlafsäcke unter dem afghanischen Sternenhimmel.

Die Taliban drohen noch immer, doch trotz aller Rückschläge merke ich bei meinem bislang letzten Besuch in Kabul, es gibt auch Fortschritte. Es gibt inzwischen 24 TV-Kanäle, 26 staatliche Universitäten, 40 private Hochschulen, 18 von 30 Millionen Afghanen telefonieren mit dem eigenen Handy. Bedauerlich nur, dass auch die Taliban für die Organisation ihrer koordinierten Anschläge Handys verwenden.

Im Februar 2011, im dunklen Foyer des *Intercontinental* in Kairo, lernte ich sie kennen: „Let's have a drink, lonesome boy …"

Sie war eine der berühmtesten Kriegsberichterstatterinnen. Eine von Hunderten Journalistinnen und Journalisten, die auf dem Tahrir-Platz den *Arabischen Frühling* beobachteten. Ihr Markenzeichen war die schwarze Augenbinde, die sie seit einer Kriegsverletzung trug. Ihre Berichte aus Tschetschenien, Sri Lanka, Afghanistan, dem Irak sind bleibende Lehrbeispiele mutiger und ehrlicher Kriegsberichterstattung.

Marie Colvin wurde im Februar 2013 im syrischen Homs getötet, wenige Stunden nachdem sie ihren letzten Bericht abgesetzt hatte – die Story über einen Säugling, der von Granatsplittern in die Brust getroffen worden war.

War sie eine abenteuerlustige Zynikerin, wie ihr unterstellt wurde, auf der profitablen Suche nach dem Elend dieser Welt? Nein, zynisch war nicht sie, die jenen eine Stimme gab, die in Kriegs- und Katastrophengebieten keine haben: den Opfern. Zynisch sind die kritischen Kleingeister, die um das Elend an fremden Orten wissen, aber wegschauen und schweigen.

In Erinnerung an Marie Colvin muss ich an einen meiner Lieblingssongs von Johnny Cash denken:

I'm like a soldier getting over the war
I'm like a young man getting over his crazy
*   days*
Like a bandit getting over his lawless ways
I don't have to do that anymore
I'm like a soldier getting over the war

There are nights and days that aren't re-
*   membered*
And there's pain that's been forgotten
And other things I choose not to recall
There are faces that come to me
That I thought were long forgotten
Faces that I wish would not come back
*   at all*

Und ich weiß, ich habe mit meinen Analysen, Berichten und Reportagen keinen Krieg verhindern können. Auch nicht den syrischen, einen Krieg der Lügen und Verlogenheit der *Masters of War*.

Katar und Saudi-Arabien bewaffnen die Rebellen, um Baschar al-Assad und seine alevitisch-schiitische Baath-Diktatur zu stürzen. Washington akzeptiert diesen heuchlerischen Handel. US-Präsident Obama fantasiert von einer Demokratie in Syrien. Aber Katar ist ein autokratischer Staat und Saudi-Arabien eine Diktatur der Könige, die islamistische Hardliner in Syrien unterstützen.

Fünfzehn der neunzehn Flugzeugentführer und Massenmörder von *9/11* kamen aus Saudi-Arabien. Dafür bombardierten die Amerikaner Afghanistan. Die Saudis unterdrücken ihre eigene schiitische Minderheit im Land und wollen die alevitisch-schiitische vernichten. So soll ein demokratischer Staat aufgebaut werden?

Demokratie lässt sich nicht mit Waffengewalt exportieren. Die politische Lage im Nahen Osten verändert sich dramatisch. Die Konfliktherde in der Region sind eine Spätfolge des Ersten Weltkriegs, das Nachbeben des Untergangs des Osmanischen Reichs. Statt den Aufbau moderner Zivilgesellschaften in der Region zu fördern, zieht sich der Westen zurück, hilflos, ratlos, tatenlos.

Russland und China taktieren besser und klüger bei der Neugestaltung der Nachkriegswirren im Irak, in Afghanistan und Syrien. Moskau und Peking nutzen das Chaos für ihre wirtschaftlichen und sicherheitspolitischen Interessen. Die USA zetteln Bürgerkriege an und verteidigen ihre strategischen Interessen mit neuer Militärtechnologie: mit Drohnen-Einsätzen, mit verdeckten Kommando-Operationen, mit Cyber-Krieg.

Die Neue Weltunordnung.

KILLING FIELDS

In war, seconds and inches are the difference between life and death.

Paul Danahar

Irak, Frühling 2003. Die Erde ist staubtrocken in Al-Mahawil südlich von Bagdad. Sie gibt ein schreckliches Geheimnis preis, gibt den Blick frei auf Grauslichkeiten, die kein Mensch je sehen sollte: von Bulldozern ausgegrabene Leichen, verfaulte Körper, die einmal Namen hatten. Gesichter. Frauen, Männer, Kinder.

Es schnürt mir die Kehle zu, zu erzählen, was wir hier sahen.

Der Gestank der Gräber war unerträglich. Und es waren viele Gräber. Der Anblick machte sprachlos. Unter welchen Qualen starben all diese Menschen? Was tut ein Mensch dem Menschen an?

Ich war mit meinem Kameramann und Producer allein unterwegs. Die internationalen Beobachter kamen später. Zu spät.

Auf einem fußballfeldgroßen Areal sahen wir Einheimische, die mit Papier und Kugelschreiber die grausigen Spuren zu dokumentieren versuchten.

„In den Gräbern und Gruben liegen Kinder und Frauen. Wir haben eine Frau mit dem Kind an ihrer Brust gefunden", sagte der Arzt Abdul Hasan.

Frauen, gekleidet in die traditionelle schwarze Abaya, wehklagten inmitten der Exhumierten.

Der Horror lag zwölf Jahre zurück.

Aus meiner Tagebucheintragung vom 14. Mai 2003, in Gedanken bei meiner Frau:

Liebste! Ich wünsche Dir, nicht zu sehen, was ich sehe. Der Mensch – ein ermordetes Wegwerfnichts. Der Tod – eine Senkgrube!

15.000 Leichen sollen hier liegen, oder mehr, erzählte man uns. Exekutiert.

Bis zum Krieg gegen Saddam Hussein 2003 hat hier niemand über diese Verbrechen gesprochen, über das Unbegreifliche, das im April 1991 in der Zementfabrik von Al-Mahawil geschah. Nach Saddam Husseins vernichtender Niederlage in Kuwait war es im Südirak zu einem Aufstand der Schiiten gegen das Saddam-Regime gekommen. Der sunnitische Diktator schlug die Rebellion mit völkermordender Brutalität nieder.

Die Hinrichtungen waren keine Geheimaktionen. Lastwagen und Busse, vollgepfercht mit Menschen, bewacht von Soldaten, wurden in die salzigen Moorgebiete gekarrt.

Die Anrainer hörten die Gewehrsalven.

Danach Stille.

Und sie sahen die leeren Lastwagen und Busse, die ohne Menschen wieder wegfuhren.

Ein ausgegrabener Totenschädel im Gestrüpp in der Winterlandschaft Bosnien-Herzegowinas im Februar 1996. Ein Schuh im Wasser, ein Knochen, ein Oberkiefer, ein Spaten, eine Schaufel. Männer in Soldatenstiefeln, schwarze Plastiksäcke, darin Knochen. Die Knochen waren einmal Menschen.

„Leider wurde an dieser Stelle schon vor meiner Ankunft gegraben", bedauert der als Identifizierungs-Experte geholte Pathologe.

„Meinen Sohn habe ich an den Kleiderfetzen erkannt und an den Sportschuhen, die er trug. Es waren darin ja nur noch Knochen. Als Gerippe hätte ich ihn nicht wiedererkannt", sagt der Vater eines im Bosnienkrieg Ermordeten.

Ein strahlend blauer Julitag 1990. Eine wunderbare Landschaft: Mischwald, Kalkstein, moosbedeckte Steinbrocken. Aber es ist eine Spurensuche nach Massengräbern. In Kočevski Rog südlich von Ljubljana.

Kočevje / Gottschee war eine deutsche Sprachinsel. Im Zweiten Weltkrieg von Italien besetzt, wurden die Deutschen ab 1941 ausgesiedelt. Nach ihrer endgültigen Vertreibung 1945 war das Gebiet entvölkert. 1942 befand sich hier das Zentralkomitee der Kommunistischen Partei Sloweniens und das Oberkommando der slowenischen Partisanen.

Nach dem Zweiten Weltkrieg war Kočevski Rog Schauplatz von Massenerschießungen. Hier liegen Tausende von Titos Partisanen

ermordete Domobranci, Soldaten der slowenischen Heimwehr, mit Hitlerdeutschland
Verbündete. Hier liegen auch die ermordeten kroatischen Ustasi, Parteigänger des fa-
schistischen Kroatiens. Und all die Gegner
der Kommunisten, die nach 1945 auf der fal-
schen Seite standen.

Ihre Leichen wurden in Karsthöhlen ge-
worfen.

8. Juli 1990. Kerzen werden angezündet.
Entsetzte Menschen schlagen die Hände
über den Köpfen zusammen, blicken in den
Abgrund der Karsthöhlen. Der Erzbischof
von Ljubljana Alojzij Šuštar zelebriert eine
Gedenkmesse in den undurchdringlichen
Wäldern von Kočevski Rog, die während
des kommunistischen Regimes militärisches
Sperrgebiet waren. Er reicht Milan Kučan die
Hände, dem ehemaligen KP-Chef Sloweni-
ens und seit April 1990 ersten Präsidenten in
der damals noch jugoslawischen Teilrepublik
Slowenien.

In seiner Gedenkrede zitiert Kučan das
alttestamentarische Buch Kohelet 3,8: „Es

ist eine Zeit zum Lieben / und eine Zeit zum Hassen, / eine Zeit für den Krieg / und eine Zeit für den Frieden". Und beendet seine Rede mit den Worten: „Jetzt ist die Zeit für den Frieden."

Ein Jahr später beginnen die Balkankriege der 1990er-Jahre.

Im Herbst 2013 wird das vermutlich größte Massengrab dieser Kriege entdeckt. Ein *killing field* mit vermutlich Hunderten Leichen. Vergraben in zehn Meter Tiefe in einer Bergwerksanlage im Dorf Tomašica in Westbosnien. Bosniakische und muslimische Opfer, von Serben ermordet.

Die Augenzeugen dieser Massaker wollen bis heute nichts gesehen haben.

Und von denen, die dabei waren beim Morden, will keiner dabei gewesen sein.

Die *killing fields* schreien nach Gerechtigkeit.

HEIMKEHR, ABSCHIED

Ob ein Sänger hundert Lieder
Sinnlos in die Lüfte sendet,
Besser ist ein Wort der Wahrheit,
das dem Hörer Frieden spendet.

Magst du in der Schlacht besiegen
Tausendmal zehntausend Krieger –
Wer das eigne Ich bezwungen,
Ist der größte Held und Sieger.

„Die Zahl ist nichts"
Aus dem *Dhammapada*

Ich war an vielen Fronten.

Eine war die furchtbarste, Station 10, Zimmer 4, Palliativ-Onkologie in einem Wiener Krankenhaus.

Ich habe zu viele Tote gesehen, und jetzt sehe ich meine Frau sterben, meinen Lebensmenschen seit vierzig Jahren.

„Warum fährst du nicht zu Gaddafi?",
fragt sie, „wenn du mit deinen wirren Locken
mit der Dschallabija verkleidet durch unsere Wohnung gewirbelt bist, hast du für mich
ihm ähnlich gesehen."
Stille.
Ein kahles Zimmer, Desinfektionsgeruch,
ein Blumenstrauß auf dem Besuchertisch.
Und, abgestellt in einem Eck, das Köfferchen,
das dieses eine Mal ich für sie packen musste.
Sie zitiert einen ihrer Lieblingssätze von
Franz Grillparzer:

Sei immer du und sei es ganz,
früh stirbt die Blume,
nie der Kranz.

Sie erinnert sich, dass ich ihr erzählt habe
von all den Scheußlichkeiten, die ich gesehen
und gehört habe – Maschinengewehrsalven,
Trümmer, Morde, Vergewaltigungen –, und
ich weiß, dass diese Belastung oft zu viel für
sie war.
Ich erinnere mich, dass jede Heimkehr
ein Ritual war. Ich stellte ihr den Koffer hin,

vollgestopft mit schmutziger Wäsche, und sie hörte mir zu.

Sie war stolz auf mich, nahm für mich Preise entgegen, wenn ich wieder einmal in den Niemandsländern unterwegs war. Und manchmal warf sie mir vor, dass ich als ORF-Reporter wieder einmal zu spät am Schauplatz war.

„Wenn du in Pension bist, zeigst du mir alle Plätze, wo du überlebt hast. Und dann gehen wir auf einen Ball. Noch einmal. Wie damals 1971 zum Uni-Ball."

„Du weißt doch, ich bin ein elender Tänzer."

„Nein, du hast mit dem Tod getanzt."

Sie versucht, unsere Tochter anzurufen – und weiß die Telefonnummer nicht mehr.

„Glaubst du, dass ich sterben muss?"

„Nein!"

„Sagst du das nur, um mich zu beruhigen – oder glaubst du das wirklich?"

„Nein, du wirst nicht sterben!"

Die größte meiner Lügen, die ich ihr angetan habe. Sie lächelt müde, zu müde. Ich weiß, dass sie sterben wird.

Eine von vielen, die ich sterben sah. Aber sie war meine Frau.

In einem Metallsarg wird sie weggebracht.

Ich filme ihr Begräbnis. Wie so viele Begräbnisse von Kriegsopfern, auf denen ich den Schmerz der Angehörigen letztlich nicht begriffen habe.

Jetzt begreife ich. Die Toten verdienen Würde.

Etwas war weggebrochen in mir. Mir fehlte die Kraft, den ORF-Gebührenzahlern alles zu geben. Aber ich wollte es noch einmal wissen: nicht mehr als wohlbestallter Reporter, sondern als unabhängiger Journalist auf eigene Faust im syrischen Bürgerkriegswahnsinn im Frühling 2013. In Daraa, auf halbem Weg zwischen Amman und Damaskus, in einer der ältesten arabischen Städte, wo im März 2011 der Aufstand gegen das Assad-Regime begann. Mit Protesten vor der Al-Oman-Moschee und

Demonstrationen, die Assads Armee blutig niederschlug.

Ein Schlepper der Freien Syrischen Armee schleust mich aus dem jordanischen Ramtha durch das Niemandsland nach Daraa, verirrt sich im Kugelhagel auf der Suche nach dem verabredeten Treffpunkt. In einem zerschossenen Häuserblock finden wir vermeintliche Sicherheit. Aus dem vierten Stock des Gebäudes schießen junge Männer in Jeans auf junge Männer in Uniformen, auf Assads Soldaten. Auf den Straßen verrotten leblose Körper.

Ich will fort von hier. Ich will nie mehr vor Wut und Trauer verzweifelte Frauen in schwarzen Gewändern sehen, die über den Leichen ihrer Männer und Kinder kniend ihren Schmerz hinausschreien.

Ich habe sie gefilmt. Aber ich habe mit meinen Bildern keinen künftigen Krieg verhindert. Und ich will meinen Freunden, Producern, Dolmetschern nicht mehr erklären, dass ich nicht nach Australia, sondern nach Austria heimfahren darf.

Die Arbeit eines Kriegsreporters hat sich verändert. Gefordert sind heute Schnelligkeit und Präsenz rund um die Uhr – multimedial. Für aufwendige Recherchen fehlt den Redaktionen oft das Geld. Quotendruck verhindert Originalität.

Ich weiß, in zehn Jahren gibt es meinen Beruf, wie ich ihn liebte, nicht mehr. Ich sehe die jungen Kollegen, die als billige Arbeitskräfte ausgebeutet werden und in drei Tagen das Unmögliche zustande bringen sollen, sechs Themen zu bearbeiten, über die zu recherchieren sie keine Zeit haben. Sport und Unterhaltung bringen Geld, nicht Kriegs- und Auslandsberichterstattung.

Ich erinnere mich an meine geschätzte Kollegin, die mir während der Balkankriege erklärte: „Wir wollen deine Leichen nicht mehr sehen. Die Zuschauer auch nicht."

Damals habe ich mich geärgert. Heute nicht mehr.

Ich erinnere mich an Niki, Kurt, Miguel, Nils, Marie und all die anderen Kollegen und Kolleginnen, die ihren Job mit dem Leben bezahlten. Mein Leben kommt mir vor wie ein Film. Auch wenn ich nur ein Nebendarsteller war, der um sein eigenes Leben fürchtete. Es war nicht nur die *gesunde* Angst, die mich Gefahren einschätzen ließ. Es war die existenzielle Angst, die Angst vor dem eigenen Tod.

Die Kriegstrommeln werden noch immer geschlagen. Das Abschlachten auf den Kriegsschauplätzen geht weiter. Frieden wird es nie geben, aber vielleicht eines Tages keine Kriege mehr, wie ich sie kannte.

Ich bin alt geworden.

Ich weiß nicht, warum ich noch lebe.

NACHWORT

von Katja Orter

Mit vielen erwachsenen Kindern prominenter Eltern vereint mich vermutlich der Umstand, lebenslang *die Tochter von* … zu bleiben. So wird mir beim Betreten meiner Stammtrafik oder meines Lieblingscafés die Frage „Und, wo ist der Papa gerade?" häufiger gestellt, als es bei den meisten Vierzigjährigen der Fall sein dürfte.

Tatsächlich ist jede Station meines Lebens mit der Berichterstattung meines Vaters untrennbar verknüpft. Ich kann mit Stolz behaupten, eine der wenigen Fünfjährigen gewesen zu sein, welcher der Text der *Internationale* geläufiger war als jener der *Biene Maja*. Die Jahre, in denen mein Vater in den Balkankriegen sein Leben riskierte, haben meine Teenagerjahre und Schulzeit geprägt.

Ein absurder Kontrast: Als ich im Juni 1991 – gerade siebzehnjährig – in einer Schultheateraufführung glänzte, erlebte mein Vater synchron, wie auf dem Laibacher Flughafen wenige Meter von ihm entfernt ein Panzerschütze der jugoslawischen Armee den Fotografen Niki Vogel in den Tod riss. Diese ständige Todeskonfrontation meines Vaters rückte verpatzte Mathematikschularbeiten und ersten Liebeskummer in den Bereich der Banalität.

Als junge Studentin der Publizistik und Kommunikationswissenschaft erlebte ich voll Stolz, dass in Seminaren und Vorlesungen seine Reportagen als Musterbeispiel für menschlich sensiblen und zugleich fachlich hochkompetenten Journalismus gewürdigt wurden.

Die Frage, ob die permanente Abwesenheit meines Vaters mir in Kindheit und Jugend seelischen Schaden zugefügt hätte, wurde mir im Laufe meines Lebens von Hobbypsychologen tausendmal gestellt. Von Ahnungslosen, welche die Qualität mit der Quantität einer Beziehung verwechseln. Freunde und

Bekannte hingegen können bestätigen, dass es wohl kaum eine Familie gibt, die emotional enger verbunden ist, als es die unsere stets war und ist.

Meine Mutter, meine Großmutter und ich – die drei treuesten Fans, die keinen Beitrag, keine Reportage jemals versäumten. Die Sendezeiten der *Zeit im Bild* bestimmten unseren Tagesablauf.

Der unermüdliche Einsatz meines Vaters hat meine sozialen Neigungen nachhaltig geprägt: Selbst meilenweit davon entfernt und viel zu feige dazu, in Kriegs- und Katastrophengebieten mein Leben zu riskieren, galt mein besonderes Herz und Engagement seit jeher dem Leid und den seelischen Absurditäten von nebenan. Auch ich traf schon Unzählige, die an sich selbst und ihren Lebensumständen zerbrochen sind. Und in der Flucht in den Tod, in die Sucht oder den Wahnsinn den einzigen Ausweg sahen.

Die ewige ethische Streitfrage, ob das Leid des Makrokosmos höher zu bewerten ist als jenes im unmittelbaren sozialen Umfeld: Leidet der syrische Flüchtling, der all sein

Hab und Gut verloren hat, mehr als der Achtzigjährige, der, von der Familie vergessen, im Pflegeheim dahinvegetiert?

Ein unlösbares Problem.

Der gänzlich unerwartete Krebstod meiner geliebten Mutter am 14. September 2011 hat unser Familiengefüge radikal verändert.

Gezeichnet von der emotionalen Last, meine damals 93-jährige Großmutter über das Sterben ihrer einzigen Tochter informieren zu müssen, stand ich zudem völlig hilflos der Tatsache gegenüber, dass jener Mensch, den ich als Chronisten von vierzehn Kriegen zeit meines Lebens für unverwundbar erachtet habe, nun an seiner eigenen Verzweiflung zu zerbrechen drohte.

Auch wenn die Frage nach dem Sinn des Leidens in der theologischen, philosophischen und psychotherapeutischen Fachliteratur seit jeher überstrapaziert wird, habe ich mich die vergangenen drei Jahre oft gefragt, ob es nicht die mir bestimmte Lebensaufgabe ist, den in meiner Kindheit und Jugend abwesenden Elternteil ins Alter zu begleiten

– anstelle dessen, der 37 Jahre unverrückbar beständig an meiner Seite stand.

Juni 2011. Wir drei Getreuen sitzen vor dem Fernsehgerät. Es läuft deine große Balkan-Dokumentation. Wir sehen dich im Zug, auf Zeitreise in jenes Land, dessen Tragödie zugleich dein herausragender Durchbruch als Reporter gewesen ist.

Was wir nicht ahnen konnten, war das Unbegreifliche, dass uns allen eine Reise in ein anderes Leben unmittelbar bevorstand.

ERLEBTE KRIEGS-CHRONIK

April 1991:

Serbischer Aufstand in der Region der Plitvicer Seen in Kroatien. Die Kroaten formieren die ersten Einheiten ihrer „Nationalgarde". In den 1960er-Jahren war diese betörend schöne Landschaft Drehort von Karl-May-Filmen *(Der Schatz im Silbersee).*

Mai 1991:

Die serbischen Aufständischen in Kroatien werden aggressiver. In Borovo Selo, einem Dorf bei Vukovar, werden kroatische Nationalgardisten massakriert.

Juni 1991:

Slowenien und Kroatien erklären ihre Unabhängigkeit von Jugoslawien. In der Nacht zum 27. Juni greifen Panzer der jugoslawischen Armee Slowenien an. Der Zehn-Tage-Krieg um Slowenien beginnt.

November 1991:

Die Serben erobern Vukovar.

April 1992:

Radikale bosnische Serbenvertreter boykottieren alle Regierungsämter. Der Kampf um das Hotel *Holiday Inn* in Sarajevo beginnt. Am 8. April wird der Ausnahmezustand über Bosnien-Herzegowina verhängt.

Sommer 1992:

Die Armee der bosnischen Serben beginnt mit der „ethnischen Säuberung" weiter Teile Bosnien-Herzegowinas von der seit Jahrhunderten dort lebenden muslimischen Bevölkerung.

Oktober 1992:

In Mittelbosnien kommt es zu ersten Kämpfen zwischen Kroaten und Muslimen.

Juli 1995:

Die Armee der bosnischen Serben erobert die muslimische Enklave Srebrenica.

Sommer 1999:

NATO-Luftangriffe auf Serbien; Krieg um den Kosovo; Stationierung von NATO-Truppen unter UN-Aufsicht im Kosovo.

Herbst 2001:

Nach 9/11 attackieren die Amerikaner Afghanistan, vertreiben die Taliban von der Macht, verlassen dann nach dreizehn Jahren das durch dreißig Jahre Bürgerkrieg zerstörte Land – mit dem Erfolg, dass die Taliban neuerlich vor der Machtergreifung stehen.

März 2003:

Die USA und ihre Verbündeten beginnen mit Luftangriffen auf den Irak, erobern Bagdad und erklären am 1. Mai den Irak-Krieg für beendet. George Bushs Irak-Krieg wird zu einem neuen Vietnam für die US-Truppen, die Ende 2011 aus dem Irak abziehen.

2011:

In Tunesien rebellieren Regimegegner und lösen Revolutionen aus, die als *Arabischer Frühling* Schlagzeilen machen. Die Wahlen gewinnen Islamisten. In Syrien beginnt ein Bürgerkrieg zwischen Regierung und Oppositionsgruppen, der von den regionalen Mächten Iran und Saudi-Arabien unterstützt wird.

Mai 2011:

In der syrischen Stadt Daraa verhaften Sicherheitskräfte fünfhundert Personen und töten zehn.

März 2013:

Die UNO schätzt die im syrischen Bürgerkrieg bisher getöteten Menschen auf 70.000.

April 2014:

Inzwischen wurden mindestens 150.000 Menschen getötet. 2,6 Millionen Syrer sind aus ihrem Land geflohen, mehr als neun Millionen sind innerhalb Syriens auf der Flucht.

2014:

Die inner-arabischen Konflikte verschärfen sich und es besteht die Gefahr, die autoritären Staaten des Nahen Ostens könnten zu *failed states* werden.

DANK

Mein Dank gilt Dr. Hannes Steiner, meinem Salzburger Verleger, der an eine bessere Welt glaubt, und seinem bewährten Team.

Ich danke Katja und Asia. Ohne ihre Anteilnahme, Hilfe und Unterstützung hätte ich dieses Buch nicht schreiben können.

Ich danke den Leserinnen und Lesern, die sich für ein Journalisten-Leben interessieren.

NACHWEIS DER ZITATE

Das Zitat von Stanisław Jerzy Lec stammt aus dem Buch *Sämtliche unfrisierte Gedanken*, München 1996.

Das Zitat zur Belastungsstörung stammt aus dem *Diagnostischen und Statistischen Manual Psychischer Störungen DSM-IV* von Henning Saß, Hans-Ulrich Wittchen und Michael Zaudig, Göttingen 1998.

Samo da rata ne bude (Nur dass es keinen Krieg gibt) von Đorđe Balašević ist die Nummer 6 auf dem Album *U tvojim molitvama – balade* aus dem Jahr 1987.

Das Zitat von Karl Kraus stammt aus *Die letzten Tagen der Menschheit*, 2. Akt, 15. Szene.

Like a Soldier von Johnny Cash ist die Nummer 12 auf dem Album *American Recordings* aus dem Jahr 1994.

LITERATURPFADE

Bücher sind für mich mehr als bedruckte Seiten. Sie sind für mich ein persönlicher Dialog mit Vergangenheit, Gegenwart und Zukunft. Unter Tausenden Büchern, die ich im Laufe meines Reporterlebens gelesen habe, haben einige mein Denken, Fühlen und Handeln in besonderer Weise geprägt.

Zur Kriegsgeschichte:
Eine Fundgrube über die kriegerische Weltgeschichte der Menschheit ist:
Wolf Schneider: Der Soldat. Eine Weltgeschichte von Helden, Opfern und Bestien. Ein Nachruf, Reinbek 2014
Viel gelernt habe ich aus den Büchern von:
Marin van Creveld: Die Zukunft der Kriege, München 1998
John Keegan: A History of Warfare, London 1993; The Iraq War, New York 2004; The First World War, New York 1999

Herfried Münkler: Die neuen Kriege, Rowohlt
  2002
Manfried Rauchensteiner: Der Tod des Dop-
  peladlers, Wien/Graz 1994

Zum Balkan:
Immer wieder lesenswert:
Roger Cohen: Hearts grown brutal. Sagas of
  Sarajevo, New York 1998
Jörg Becker/Mira Beham: Operation Balkan. Wer-
  bung für Krieg und Tod, Baden-Baden 2006
Erich Rathfelder: Sarajevo und danach, Mün-
  chen 1998
Chuck Sudetic: Blood and Vengeance, New
  York 1998
Eine berührende, die Schwierigkeiten journa-
  listischer Arbeit während der Balkankrie-
  ge reflektierende Darstellung gibt
Veronika Seyr: Forellenschlachten. 33 Briefe
  aus dem vergessenen Krieg, Wien 2014

Zum Nahen und Mittleren Osten:
Aus der inzwischen unübersehbaren Publi-
kationsflut waren für mich folgende Bücher
besonders lesenswert:

Jörg Armbruster: Brennpunkt Nahost. Die Zerstörung Syriens und das Versagen des Westens, Frankfurt/Main 2013

Paul Danahar: The New Middle East. The World After the Arab Spring, London 2013

Peyman Javaher-Haghighi / Hassan Azad / Hamid Reza Noshadi: Arabellion. Die arabische Revolution für Freiheit und Brot von Kairo bis Damaskus, Münster 2013

Karin Kneissl: Mein Naher Osten, Wien 2014

David W. Lesch: Syria. The Fall of the House of Assad, Cornwall 2012

Flynt Leverett: Inheriting Syria. Bashar's Trial by Fire, Washington, D.C. 2005

Bahman Nirumand: Der unerklärte Weltkrieg. Akteure und Interessen in Nah- und Mittelost, Berlin 2007

Thomas E. Ricks: The Gamble. General Petraeus and the Untold Story of the American Surge in Iraq, 2006–2008, London 2009

Anthony Shadid: Night Draws Near. Iraq's People in the Shadow of America's War, New York 2005

Jonathan Steele: Defeat. Why They Lost Iraq, London 2008

Ulrich Tilgner: Die Logik der Waffen. Westliche Politik im Orient, Zürich 2012

Zu Afghanistan und Pakistan:

Carlotta Gall: The Wrong Enemy. America in Afghanistan 2001–2014, Boston 2014

Hussein Haqqani: Magnificent Delusions. Pakistan, the United States, and an Epic History of Misunderstanding, New York 2013

Ahmed Rashid: Descent into Chaos, London 2008

Zu „Killing Fields":

Eine beeindruckende Lektüre über die europäischen killing fields ist:

Martin Pollack: Kontaminierte Landschaften, St. Pölten/Salzburg/Wien 2014

Timothy Snyder: Bloodlands. Europe between Hitler and Stalin, New York 2010

Zur persönlichen Krisenbewältigung:

Christof Müller-Busch: Abschied braucht Zeit. Palliativmedizin und Ethik des Sterbens, Berlin 2012

Epikur: Brief an Menoikeus

Bartholomäus Grill: Um uns die Toten. Meine Begegnungen mit dem Sterben, München 2014

Sherwin B. Nuland: Wie wir sterben. Ein Ende in Würde?, München 1994

Irvin D. Yalom: In die Sonne schauen, München 2010

Im Bosnien-Krieg, 1994

Vor Bagdad zu Beginn des Irak-Kriegs, Frühling 2003

Bagdad, Sommer 2003

In Basra, 2003

Im Libanon-Krieg, Sommer 2006

Im Irak, 2008

Gräber gefallener syrischer Aufständischer im jordanisch-syrischen Grenzgebiet

Auf dem Weg in die syrische Stadt Daraa

Im Bürgerkrieg 2013 zerstörte syrische Städte

Im Nordirak, Frühjahr 2013

Roswitha Orter